租稅正義論

Tax Justice

鄭叔鍾 著

박영사

서언

그동안, 우리 사회에는 조세법규의 해석에 있어 문리해석만 가능하다는 입장이, 조세법규 해석에서 유추해석을 배제하는 경향이 있어 왔다. 이런 경향은 해당 법조문을 완전 무시하는 처사이고, 그래서 세법을 공부하는 사람으로서 한심한 일이라 생각해 왔던 바이다. 이번에 이 책이 그런 일을 극복하는 계기가 될 수 있기를 바랄 뿐이다.

이 책의
제1장에서는 기존 논리의 허구성을,
제2장에서는 정의론을,
제3장에서는 조세정의 구현을 위한 과세형평을,
제4장에서는 목적론적 법해석을,
제5장에서는 유추의 논리를,
제6장에서는 이익집단과 세법해석을,
제7장에서는 요약 및 결어로 마무리할 것이다.

끝으로, 그동안의 자료수집 조력에 대하여 한국고등교육재단의 김이연 정보자료실 매니저에게도 사의를 표하고자 한다.

2021. 2.

저 자 씀

차례

제1장
기존 논리의 허구성

1. 재산권은 자연권이 아니다

기존의 논리는, 재산권이 자연권인 것이고, 조세법규의 유추해석으로 이를 침해할 수 없다고 한다. 이하에서는 이 논리의 정당 여부를 밝혀보기로 한다.

우리 모두는 재산권의 획득, 교환, 이전을 가능케 하는 정교하게 구조화된 법적 System 하에서 태어나고, 소유권은 세상에서 가장 자연스러운 일인 것 같다. 그러나 현대경제에서는 보수를 받고, 개인적 소유물을 가지며, 소비하고, 투자한다. 이들 모든 행위는 조세에 의해 유지되는 정부가 없으면 불가능할 일이다.

대부분의 관례법은, 굳건히 자리 잡으면 자연법적 규율의 외모를 얻게 된다. 내부화 되지 않으면 얻지 못할 힘이 되는 법이다. 이 점은 일찍이 Aristotle에 의해 주장된 바 있다.[1]

Tax와 재산권을 고려하면, 상황은 다소 복잡해진다. 어떤 조세정

---

1) Aristotle, *Politics*, bk 1, Oxford University Press, 제5면.

책 평가의 목적으로, 제도의 결과인 소득을 단순히 세전소득의 감소를 재산권 침해로 보는 것은, 조세가 제도의 한 구성요소인 점을 외면하는 것이 될 일이다. 재산권은 어떤 의미로도 자연스럽거나 제도이전의 권리로 볼 수 없고, 예컨대 사회번영을 위한 법·규칙·다른 관례적인 장치의 결과물이다.

개인재산권에 대한 Hegel적 견지의 근본정신이, 최소 정부를 지향하는 정부개입의 반대는 Locke類의 자연권론에서 비롯된 결과론적 입장에 흡수된 것 같고, 조세구조에 대한 말은 어떤 것도 허용될 수 없다는 것이다.

주지하다시피, 오늘날에는 급진적 자유방임 입장을 옹호하는 자는 없다. 그러나 설사 문자 그대로의 자유방임적 입장을 취하지 않더라도 재산권이 先정치적인 도덕적 개념이고 따라서 국가는 자연권인 재산권을 보호하도록 고안되어야 하고, 설사 그 제도가 관행적인 면을 지닌다 해도 자연적인 혹은 순순히 도덕적인 권리가 그 제도에 반영되어야 한다고 주장한다. 그런 입장의 주요 생각은, 사람들이 소유하는 것, 사람들이 자기노동과 교환으로 얻게 되는 것은 그들의 사회적 책임과 응보에 심도 있게 민감해야 한다는 것이다.

재산권은 법과 관행의 산물이고, 조세제도는 그것의 한 부분이다. 특히 세전 소득은 독립적인 도덕적 중요성이 없다, 그것은 납세자가 선정치적 혹은 자연적 권리를 가지거나, 사람들로부터 조세를 부과할 때 가져가는 것을 나타낼 뿐, 그 이외 어떤 것을 정의하지는 않는다. 어떤 조세가 정의에 맞으며 어떤 조세가 맞지 않는가에 대한 판단은, 어느 거래에 대해서 과세되는가에 대한 해석으로 대체되어야 한다. 이렇게 놓고 보면, 자연권으로서의 판단의 정확 여부보다 조세법규 적용 결과에 대하여 논의하게 되고, 소득에 대한 획득 자격 여부가, 조세제도의 공정성을 평가할 기준이 되지는 않는다.

과세에서의 정의·부정의의 문제는, 조세체계로부터 결과하는 재산권에 미치는 영향을 보고 결정하게 된다. 재산권은 자연권이 결코 아니며, 선제도적인 성격은 없고, 사회적 번영을 위해 기도된 법규 혹은 관행의 결과이다.

제2장

조세정의론

2. 개설

정의란, 사회생활에 있어 중심적인 도덕적 기준이 되는 것으로서 개인이나 사회구조를 평가할 때 의당 언급된다. 정의에 관한 오늘날의 이론들은, 정의란 사고체계의 진실성을 갖춘 사회적 기구의 첫째 미덕이라는 주장에서 출발한다.[2]

형식적 의미에서 정의는, 각자가 받아야 하는 것을 확인하고자 한다. 그러나 무엇을 받아야 하는지, 어떤 조건·행위에 기한 것인지가 정해져야 하는 등, 이들 문제의 논쟁이 여러 사회를 풍미하고 있다. 정의의 의미와 해석에 관한 논쟁은 사회생활을 특징지우는 분쟁과 협력의 조류변화와 긴밀히 연관된다. 정의의 해석은, 개인생활이나 사회전체의 변화를 끊임없이 요구하게 될 것이다.

정의에 관한 논쟁은 지속되거나 재발생한다. 개인과 그들의 사회

---

2) J. Rawls, *A Theory of Justice* (Revised ed.), Oxford University Press, 1999, 제3면.

적 관계에 관한 가정들로 미루어 볼 때, 사회생활을 제약하게 되고, 이들 제약은 또한 행동양식과 사회제도적 구조 간의 선택을 규정하게 된다. 사람들이 마땅히 받아야 하는 것을 규정함에 있어 정의론은, 희소하고 가치 있는 자원의 사회적 배분의 불가피성을 제시한다. 정의론은 또한 불균등이 인간행태에 미치는 영향을 촉진·감소시키는 효과나 그 반대를 규정하기도 한다.

정의론과 사회과학의 발전과의 관계를 보면, 정의의 의미나 해석에 관하여 격렬히 반대하는 자들까지도 그것이 사회과학이나 사회행태에서 갖는 중심역할에 관하여는 동의한다. 그래서 Hayek는 사회정의 개념이 무의미하다고 주장하면서도, 그것이 정치적 행동을 유발하는 기준이 된다는 데에는 의문을 갖지 않는다.[3]

정의론에 대한 학문적 관심은 아마도 Rawls의 정의론[4]에서 가장 잘 예증되고 있다. 그러나 Rawls의 저작은, 비판적 저작[5]들을 불러왔고, 철학 이외에도 사회과학 일반의 저작[6]이나 경제학,[7] 공공정책,[8] 정치학[9] 등의 영역에서 많은 반향을 불러왔다.

이들 진전은 바람직하기는 하지만, 훨씬 더 많은 것이 이행되어야 하고, Rawls의 책은 철학·사회과학 분야에서 대항세력도 존재한다.

어떤 학문분야에 기초하든, 정의의 이해는 심리학적, 경제학적, 사

---

3) F. A. Hayek, *Law, Legislation and Liberty* (v. Ⅱ), Routledge, 1976, 제65면.

4) John Rawls, *A Theory of Justice*, Harvard University Press, 1971.

5) Robert Nozick , *Anarchy, State and Utopia*, Basic Books, 1974.

6) M. Deutsch, *The Social Psychology of Justice*, Yale University Press, 1985.

7) A. K. Sen, *On Economic Inequality*, Clarendon Press, 1973.

8) J. Hochschild, *What's Fair? American Beliefs about Distributive Justice*, Harvard University Press, 1981.

9) D. Miller, *Social Justice*, Clarendon Press, 1976.

회학적, 철학적 관심사에 대한 주목을 요한다. 이점을 인식하지 못함은, 관련 학문 분야의 부지에 기반하게 되고, 미지의 영역에 대한 대체지식이 없게 된다. 그런 현상은 또한 정의개념의 역사에 대한 부지에 기초하게 된다.

정의는, 개인이 마땅한 편익이나 부담을 받는지 여부에 의존한다. 정의에 관한 철학적 접근은 우선 두 가지 문제에 답하여야 한다. 도덕철학 문제와 규범적 문제가 그것이며, 전자에 대하여는 정의로움과 올바름 간의 차이 등에 관하여, 후자에 대하여는 정의롭기 위하여 어떻게 행동하여야 하는가 등에 답하여야 한다.

우리의 주된 관심사는, 응징적 정의가 아니라 배분적 정의가 될 것이다.[10] Hume은 배분적 정의의 필요성을, 자원의 희소성과 인간적 자선의 한계로 인하여 유발되는 이해관계의 상충에 기인한다고 간파한 바 있다.[11] 배분적 정의의 배분 기준으로, 능력·필요·노력·기여 등의 여러 가지가 있으나,[12] 이들 중 조세문제와 관련해서는 능력기준이 특히 중요하다.

만약 정의가 한 사람만의 문제라면, 그 한 사람의 입장만이 문제될 것이지만, 문제는 두 사람 간의 비교적 배분이다. 이 문제에 관하여 Aristotle는, 비교적 배분의 형식적 문제로서 타당한 유사성 혹은 차별성에 맞게, 동일한 자들은 동일하게, 동일하지 않은 자들은 동일하

---

10) 응징주의에 따르면, 법이 당사자에게 베푸는 혜택과 당사자가 받는 제약적 부담 간의 불균형을 시정하기 위하여 처벌이 필요하다는 것이다.

11) J. Bennett, *An Inquiry into the Sources of Morals* (Dissertation), 2017, 제 8~9면.

12) M. Deutsch, *Distributive Justice: A Social-Psychological Perspective*, Yale University Press, 1985, 제2~3면.

지 않게 처리되어야 한다는 것이다. 비교적 배분의 형식적 원리의 근본요소는 불편부당성이다. 이는 곧 타당한 요소에 대한 동일한 고려가 주어져야 한다는 것으로서, 정의롭게 행동하려면 타당한 차이가 있는 경우 이외에는 모든 사람을 똑같이 대해야 한다는 것이다.[13]

정의에는 일관성이 필요하며, 일관성은 비례성을 요구한다. 즉, 일관성은 안분비례로 달성된다.

3. 불편부당성[14]

동일하게 취급받을 권리는 인류의 유일한 보편적 권리이다. 동일취급은 실제로는 불편부당이다. 불평부당성은 정의의 개념에 내재된 것이다.

이는 곧 합리적 근거 없는 차별을 불허함을 의미하고, 도덕의 기준에서 합당한 일이며, 정의의 개념에도 부합할 일이다.

Kant는 도덕의 기본이 되는 불편부당성의 원리를 술회하고 있다.

불편부당의 원리가 도덕성의 기반이 된다는 것이고, 이 말은 도덕성이란 곧 비슷한 상황에 있는 어떤 자에게도 들어맞는 원리라는 것이며, 최소한도의 합리성이 도덕에 요구된다는 것이다.

도덕과 합리성의 관계를 본다면, 도덕적이란 것은 하나의 '종'이고 합리적임은 하나의 '유'이다. 표상 일반으로서의 하나의 유는, 그 아

---

13) S. I. Benn, and R. S. Peters, *Social Principles and the Democratic State*, George Allen & Unwin, 1959, 제110~111면.

14) 불편부당성이란, 공공분야에서 이루어지는 판단에 사적고려가 개재되지 않는 현상을 말한다.

래 여러 개의 종을 포괄한다. 다양한 종들은 단지 소수의 유들의 상이한 규정들로 취급되어야 하고, 유들 역시 더 고차의 상이한 규정들로 취급되어야 한다. 각각의 유는 여러 가지 종들을, 이 종들은 여러 가지 종들을, 이 종들은 여러 가지 하위 종들을 필요로 하고, 보다 고차의 유들로 올라가면서, 그리고 하위 종들로 내려가면서, 체계적 연관성을 완성하며, 최고의 유는 보편적이고 참된 지평으로서 이것은 최고 개념의 관점에서 규정되고, 온갖 잡다를 유들로, 종들로, 보다 하위 종들로 자기 안에 포괄하게 된다.[15)]

진리를 찾는 발상은, 불편부당성이라는 기준을 인정하고, 합리적 근거가 있는 경우에만 인정하고, 합리적 근거 없이는 예외를 인정하지 않는다. 합리적 근거란 무엇인가?[16)]

합리적 근거란, 타인에 대한 존중[17)] 기준에서 나오는 것이므로, 설사 타인을 좋아하지 않는다 할지라도, 그 타인에 대한 최소한의 존중을 요한다고 할 것이며, 그럴 때에만 이치에 맞고 진리에 대한 존중과 합리적인 것이 될 일이다.

불편부당성은 도덕의 기본 틀이 되는 것이니, 따라서 최소한도의 불편부당성은 도덕철학의 기반으로 되는 것이다. 합리적 근거로서는 상대적 가중치가 중요하며, 예컨대 조세의 경우 부양어린이의 공제에

---

15) N. K. Smith, *Critique of Pure Reason*, St. Martin's Press, 1965, 제538~543면.
16) 합리적 차이가 있어 차등을 둘 경우, 그 차등은 차이나는 정도에 맞는 일정한 비율에 따르되, 예컨대 소득세의 경우 소득금액 이외에도 가족책임, 노력촉진, 생활비 차이 등을 고려하여야 한다.
17) Kant는 합리성과 도덕 간의 연결을 중시하고, 불편부당성과 타인존중을 개인의 자율성을 보충하기 위한 도덕에 대한 기본으로 주창하고 있다(자율성의 논리에 관하여는 I. Kant, *Groundwork for the Metaphysics of Morals* (H. J. Paton ed.), Harper Torchbooks, 1948, 제58면).

있어 자녀 1인당 가중치를 어떻게 정하느냐가 문제될 수 있다.

이런 문제에 관하여 Aristotle는, 정의는 비율의 동등성에 존재하고, 처우의 차별성은 합리적 측면에서의 차이 정도에 비례하여야 한다[18]고 설파한 바 있다.

타인에 대한 존중은 불편부당성과 매우 가깝게 연관된다. 인종·종교·사회계급 등의 부당한 고려를 물리침은 곧 타인에 대한 최소한의 존중과 그 타인을 목적에 대한 수단으로 인정함을 의미한다.

4. Max Weber의 소론(所論)

관료제의 분석으로 유명한 Max Weber 또한 관료의 주요 덕목으로서 불편부당성을 강조하고 있다. 그에 따르면, 관료제는 혐오·열정·애정 없이, 공식적·비인간적 정신으로 압도된다고 한다. 인간적 고려 없이 직설적인 의무만이 지배적 규준이 된다. 각자는 형식적 평등과 대우에 직면한다. 관료제는, 비인간화 될수록, 사랑·증오·순수·개인적·합리적·감정적 요인들을 공적 영역으로부터 배제할수록 더 완전하게 발전한다.[19]

관료행태에서 불편부당성은 절차적 공정의 측면으로서 중요하다. 불편부당성은 일반적 개념이고 공정은 그의 한 측면이다. 잘 작동하는 관료제는 Weber가 강조하였듯이 한갓 효율적 System임이 분명하다.

---

18) 비례성에 관한 자세한 논의는, F. H. Peters, *The Nicomachean Ethics of Aristotle* (10th ed.), Kegan Paul, Trench, 1906, 제144~163면.

19) M. Weber, *Economy and Society: An Outline of Interpretive Sociology*, University of California Press, 1978, 제225, 975면.

물론 이런 공정의 유용성은 적용되는 Rule의 공정 여부에 의존한다.

5. 법 앞의 평등

평등이란, 비교의 대상이 있어야 성립할 수 있을 일이다. 우리는 어떤 두 가지가 공통된 특질을 가질 때에만 그 두 가지를 비교할 수 있고, 어느 하나의 범주에서 동일할 때에만, 예컨대 같은 액수의 소득신고를 한 경우에만, 비교가 가능할 일이다.

우리 헌법 제11조 제1항에서는 "모든 국민은 법 앞에 평등하다. 누구든지 성별·종교 또는 사회적 신분에 의하여 … 차별을 받지 아니한다"라고 하여 배분적 정의의 실현을 주창하고 있다.

혹자는 법 앞의 평등을, 모든 사람이 동일한 권리·의무를 가짐을 의미한다고 하나, 모든 자에게 똑같은 권리·의무를 인정한다는 것은 사실상 불가능하니, 예컨대 임대인은 임차인과 다른 권리를 가지며, 국회의원은 법관과 다른 권한을 갖고, 분업과 기능의 다양성이 있는 한 그런 차이는 불가피하다. 다양성의 사회에서는 모든 자에게 동일 권리를 부여함은 공상에 불과하고, Utopia적 이상의 실현이 불가능할 일이다.

6. 부담능력

조세의 부담이 공정해야 한다는 요구는, 공정과세 기준은 부담능력에 맞아야 한다는 생각만큼 오래되었다. 그 원리는 혜택기준[20]에서 비롯된다.

부담능력에 기반한 누진세의 원리는 Gicciardini의 논문[21]에서 찾을 수 있다.

그 후 J. Bodin은 부담능력에 기반한 비례과세를 주창하였고, 그 이후엔 자연법이나 사회계약론자 등 철학적 배경에 따라, 많은 사상가들의 재언급·수정이 뒤따랐다. J. J. Rousseau, J. S. Mill, A. Wagner 등이 그 예이다.

부담능력 기준의 고전적 주창자인 J. S. Mill은 혜택기준을 거부하였다. 그에 따르면, 가난한 자들에게 보호의 필요성이 더 있기 때문이며, 정부의 보호기능은 확실한 가치가 놓여질 수 없는 것들을 포함하고 따라서 이것은 정의의 진정한 의미에 배치되므로 전혀 다른 과세원리가 필요하다. 이 새로운 과세원리는, 모든 자들이 동일하게 취급되어야 한다는 조세격언에 의하여 제공되어져야 한다. 과세에서의 형평은 희생의 동일성을 의미하고, 희생의 균등을 의미하니, 지불능력의 객관적 개념은 균등희생의 주관적 개념으로 되고, 조세의 공평한 분담은, 균등희생이 이루어질 때에만 실현된다.

Mill의 주관적 희생의 강조는, 지불능력 기준에 개인적 냄새를 주고 있다. 조세가 어떤 사회적으로 용인되는 기준에 맞추어 부과되어야 한다는 기준은 곧 공공가계의 계획적 성격을 의미하니, 지불능력에 따른 단순한 과세문제가 아니라, 소득재분배의 고지로 향하게 된다.

---

20) 혜택기준은, 흔히 말하는 능력기준에 대응하는 말로서, 그것이 의미하는 바에 보다 더 적합할 듯하다.

21) E. R. A. Seligman, *Progressive Taxation in Theory and Practice* (3rd Series), American Economic Association Quarterly, 1908, 제135면.

또한, 개인적 균등희생의 강조는, 지불능력 기준의 집단주의적 함미를 무색케 하는 일이다. Mill은 이와 같이 조세를 정의의 관점이 아닌 후생경제학의 문제로 보았으며, F. Y. Edgeworth는 모든 납세자의 총 희생의 최소화는, 모든 납세자들의 한계희생을 일치[22]시킴으로써 달성된다고 하였다.

애초에는 지불능력의 지표로서 재산이 영미제국에서 계속되다가, 산업사회의 진전에 따라 소득으로 전환되었다. 이는 곧 개인소득세가 가장 형평된 조세로서 자리매김한 이후, 과세소득은 생존소득 초과의 확정소득이 되어야 한다는 Adam Smith 이후의 전통을 이은 것으로 생각되고, 오늘날의 누진과세를 선호하는 학자들의 공통된 입장이다.

아마도 과세형평 문제를 논함에 있어 가장 널리 인정된 바는 동일한 처지에 있는 자는 동일하게 처우되어야 한다(동등지표)는 사실이다. 이 수평적 형평 원리는, 부담능력주의에서 가장 근본적인 것으로서, 수직적 형평보다 더욱 중요하다.[23]

동등지표를 정할 때 가장 중요한 소인은 소득이다. 따라서 소득의 정의를 먼저 생각해야 한다. 재정론자들은 과세소득을 순자산의 증가로 본다.[24] 소득은 특정기간 동안의 소비와 순자산증가의 액수로 한다. 이 개념에는 순자산의 모든 증가액이 포함되며, 어떤 형식으로든, 어떤 원천으로부터인지를 묻지 아니한다. 이들 모든 증가액이 포함되며, 정기적이든 비정기적이든, 예기되었든 예기되지 않았든, 현금으

---

22) F. Y. Edgeworth, *Papers Relating to Political Economy* (vol. 2), Macmillan, 1925, 제103면.

23) H. C. Simons, *Federal Tax reform*, University of Chicago Press, 1950, 제11면.

24) R. M. Haig, *The Federal Income Tax*, Columbia University Press, 1921, 제7~9면.

로 실현되었는지 아닌지를 가리지 아니한다. 반대로 모든 순자산의
감소 또한 허용된다.

7. 법 해석과 정의

법 해석의 개념이 어떻게 정의에 연결될까? 정의는 우리가 해석하
기 나름인 하나의 관념이다. 예컨대, 소득세의 경우, 자유주의자들은
소득세가 재산을 소유자의 승낙 없이 빼앗아가므로 정의에 반한다고
하는 반면, 공리주의자들은 소득세가 인류의 장기복리에 크게 기여하
므로 정의에 합당하다고 한다. 즉, 정의의 논리는, 특정사회의 정치경
제적 실천에 적합해야 하는 것이 아니라, 각 해석자의 추상적·기초적
인 확신에 잘 맞는 바에 따르게 된다.[25]

정의의 실현에 있어, 실용적 요소는, 상정된 근본적 평가들과의 관
계에서 판단된 결과의 실제적 합리성 평가에 그 근거를 둔다. 실용적
해석은, 예상되는 사회적 효과, 법해석의 기술적 명민성, 법체계와의
조화, 법체계와의 조화, 법체계의 문화적 사고 등을 고려할 수 있다.
실용적 해석은, 평가의 다양성의 통합체이며 법규의 목적은 이들 다
양성 범위 내에서의 한 고려에 불과하다. 실용적 해석의 결과에 따르
면, 실용적 해석은 제한적 해석, 유추적 해석을 포괄하는 것으로 보
인다.

제한적 해석이란, 실용적 사고가 언어적으로는 포함할지라도 그

---

25) D. Dworkin, *A Matter of Principle*, Harvard University Press, 1985, 제
214~219면.

Rule의 적용을 배제함을 의미한다. 두 가지가 있다. 하나는, 조항의 목적달성에 불필요한 경우이고, 다른 하나는 중복됨으로 인한 적용배제, 즉 목적론적으로 이미 한 사건에 다른 조항을 적용한 경우이다.

유추적·확장적 해석이란, 실용적 사고로 인해, 언어적 의미의 Rule이 언급된 상황 바깥에 있는 상황에도 적용될 경우이다. 언어적 의미의 Rule이 상황(a)에 적용되어야 하는 때, 상황(b)에도 확장적으로 적용될 경우란, 상황(a)와 (b)를 달리 취급할 필요가 없는 경우를 말한다.

제3장
형평성과 정의

8. 개설

실천이성이, 의문의 여지가 없는 목적에 대한 수단의 적응에 있는한, 신중함의 미덕을 실현하게 된다. 그러나 행동 전체가 비판적 분석대상이 되는 때에는, 용인되는 행동의 잣대는 정의 관념이다. 서양철학의 전통에 따르면, 정의는 곧 사실상 합리적 행위의 잣대가 된다. 현명한 자는 충동·감정·열정·연민의 정이나 동정에 의존하지 않는다. 그에게는 좋다거나 자선적임으로는 충분하지 않고, 그의 행위가 정의로워야 한다. Leibniz가 가르치는 바로는, 정의는 현명한 자의 자선이며, 고통을 완화하는 선을 넘는, 이성의 Rule을 포괄한다는 것이고, 그것이 부정의한 행동이 가질 수 없는, 실천이성의 작동이 존재하는한 합리성을 지니는 정의에 맞는 행동을 발휘할 수밖에 없는 것이다.

흔히, 정의 관념은 동등함과 비교되어 왔다. 양자를 견주어 보기로 하자. 대상 A와 B가 있을 때, 양자가 상호교차 될 수 있으면 A와 B는 동등하다. 단, 이때 A와 B는 동일 특성을 지녀야 한다.

규범적인 용어로, A와 B가 동등하면 대상 A에 대한 모든 것이 B에게도 말해져야 한다. 왜냐하면 이들 두 확언들은 동일하고 똑같은 진가를 갖기 때문이다. 동일한 자들을 똑같이 대해야 정의롭다는 말은, 정의로운 대접에는 충분한 이성이 요구된다는 것이다.

정의 원리의 타당성은, 동등한 자들에게 동등한 대우를 요구한다고 굳이 물을 필요도 없겠지만, 실제 적용의 범위는 매우 좁을 수밖에 없다. Leibniz의 불인지의 원리는, 모든 특성을 똑같이 갖춘 것들의 존재를 부인하는 많은 논리학자들이 의문을 제기하고 있기 때문이다. A와 B가 동일하다는 주장은 A와 B가 하나의 동일한 대상을 지칭하는 것인데도, 그들의 의미가 두 경우에 다르다는 것이고, 그렇다면 정의의 논리를 실효적으로 가능케 하려면, 우리는 실질적으로 똑같지 않은 사람들을 모든 점에서 어떻게 취급해야 하는지가 정의에 관한 실질적 문제가 된다.

어떤 경우가 기존 법규에 포괄되지 않고 포괄되는 다른 법규가 있을 때, 사안이 그 포괄되는 경우와 유사할 경우, 그 다른 법규를 적용하는 유추해석이 적용되어야 형평성이 유지될 수 있다.[26]

9. 정의의 규칙[27]

우리의 행위를 지도해야 하는 모든 덕목 중에서 지혜와 정의는 항

---

26) P. V. Baker, P. St. J. Langan, *Snell's Principles of Equity*, Sweet & Maxwell, 제35~36면.

27) C. Perelman, *Justice, Law, and Argument*, Reidel Publishing Company, Springer, 제34~43면.
심헌섭, 강경선, 장영민, 법과 정의의 철학, 종로서적, 1986, 제85~98면.

상 이성적인 것으로 생각되어 왔다. 지혜는 우리로 하여금 목적에 이르는 가장 확실하면서도 부담이 가장 적은 수단을 선택하도록 하는 덕이다. 사리사욕이 유일한 관심사라면 지혜는 우리의 행위가 가장 유용하게 되도록 행동하게 충고할 것이며 최대의 이점과 최소의 불편을 제공할 것이다. 타인의 이익에도 관심을 가져야 하는가? 정의롭기 위해서는 어떻게 행동하여야 하는가? 이러한 것들은 지혜에서만 습득할 수는 없다. 행위 전체를 단지 수단적이고 순전히 기술적 측면이 아닌 이성의 척도에 맡기길 원한다면 정의라는 개념에 의지하지 않을 수 없다. 왜냐하면 이성적 인간의 특징적 덕은 정의이기 때문이다.

정의란 지혜로운 자의 자선이라고 하는 Leibniz에 따르면, 정의는 이성의 규칙도 포함한다고 한다. 정의로운 행위는 자비롭기만한 행위에는 결여되어 있는 '합리성'이라는 특성을 가져야 한다는 것이다. 이성의 규칙은, 욕구·공과·법적 권리·의무 이행 원칙 이외에 실제로는 상이하거나 양립 불가한 경우가 많다.

어떤 행위 형식이나 인간의 판단이 규칙이나 기준에 따를 수 있는 경우에만 그것은 정의롭다고 말할 수 있다. 따라서 존경받는 사람의 진가에 비례하여 존경이 행해진다면 정의로울 수 있다. 정의에 있어서 중요한 것은 오로지 형량이다. 전통적으로 정의의 여신상의 눈을 가리는 눈가리개는 정의에 있어서는 형량의 결과 이외에 그 어떤 것도 중요치 않다는 사실의 증거가 된다. 정의는 다른 어떠한 고려에 의해서도 좌우되지 않을 것이다. 정의는 불편부당함과 관계가 있다.

정의로운 행위는 규칙 준수적이다. 정의로운 행위는 규율과 기준을 따른다. 이성이 이러한 규율과 질서를 결정하는 데 도움을 줄 수 있을까? 철학에서 나타나듯이 이는 고대 희랍 시대 이래로 우리의 판단을 계도하고 우리의 행동을 지도할 수 있는 지침을 이성에서 구하는 사람들에게 본질적인 문제였다.

분명히 평등 개념의 분석은 정의 관념을 어느 정도 밝혀줄 것이다. A와 B라는 두 객체가 교환 가능하다면 즉 한 쪽의 속성이 다른 쪽의 속성이기도 하다면 이 둘은 동일하다고 말할 수 있다. 따라서 두 존재는 어떠한 것에 의해서도 불평등한 취급이 정당화될 수 없으므로 동일한 방식으로 취급되어야 정의로운 일이다. 결국 한쪽에 대하여 언급된 것은 다른 쪽에 대해서도 언급되어야만 한다. 이는 동일률을 실용적 공식으로 변형시킨 것이다. 따라서 우선 정의의 규칙은 동일한 존재에 대한 동등한 처우라는 요건을 제시한다.

이러한 규칙에 대한 논쟁의 여지는 없다. 그러나 그 범위는 어떠한가? 그 적용 범위는 사실상 극히 제한되어 있는 것으로 보인다. 실로 어떤 동일한 두 존재, 즉 모든 속성이 동일한 두 존재도 존재하지 않는다는 Leibniz의 식별 불가능의 원칙을 인정한다면 그 적용 범위는 없어지게 될 것이다. 그렇다면 A와 B가 동일하다는 확언은 명사 모순일 것이다. 만일 동일한 존재란 없다면, 동일하지 않은 존재를 어떻게 취급할지를 정의의 규칙이 말해줄 수 없는 한, 우리는 정의의 규칙에 대한 흥미를 잃게 된다. 실제로 바로 이것이 가장 중요한 문제이다.

사람들이 이웃이나 경쟁자와 같은 대우를 받지 못했다는 이유로 불공평하다고 불평하는 말을 들을 때, 우리는 이들이 자신과 비교하는 다른 사람들과 동일하다고 생각지도 않으며, 그들의 눈에는 어떠한 차이도 불평등한 대우를 정당화하는 데 충분하리라고 생각지도 않는다. 도리어 이들은 명백히 차이를 주장한다. 다른 사람이 더 부자라거나, 더욱 영향력이 있다든가, 그 사람은 관리의 친구 혹은 친척이라든가, 그 사람은 권력 근원에 가까운 혈연 내지 정치적, 종교적 집단의 일원이라고 말한다. 이들은 이러한 차이를 이유로 더욱 더 불평하는데, 이 차이로 인하여 궁극적 결정이 영향을 받아서는 안 되었던 것이라고 확신하고 있다. 또 다른 사람은 동등한 대우에 대해 불평하며, 정의의 명목으로 차별 대우를 주장한다. 그들은 자신의 주장을 정당화하기 위해서 고려되었어야 하나 간과된 본질적 차이를 열거한다.

불공정하게 취급받았다고 믿는 사람은 그 상황과 관련되는 일정한 요소들만이 그 결정에 영향을 미쳤어야 한다고 주장한다. 그 상황과 관계없는 다른 요소를 고려하는 것은 부당할 뿐만 아니라 이러한 요소를 간과하는 것도 부당하다는 것이다. 이와 같이 생각되는 부정의는 결코 동일한 존재에 대한 불평등한 취급의 결과는 아니다. 첫째 경우 사람들은 상이한 존재에 대한 불평등한 취급을 불평한다. 실제로 그 차이가 본질적 특질을 포함하고 있지 않다면, 당사자는 모두 마치 그들이 동일한 것처럼 동등하게 취급되었어야 했다는 것이다. 반대로 둘째 경우 불공정한 것으로 보이는 것은 바로 동등 내지 무차별적 취급인데, 그 이유는 일반적으로 인정된 기준에 따르면 본질적으로 상이하고 따라서 다른 범주에 속하는 사람들에게 동등한 처우가 가해진 것이기 때문이다. 그러나 어떤 일정한 상황에서 무엇이 중요한 차이이고 무엇이 중요하지 않은 차이인가에 따라 불일치가 나타난다.

식량난의 시기 동안 식량 배급 체계가 세워졌다고 가정하자. 주민 모두가 동일하게 취급되어야 하는가? 아니면 반대로 각 개인을 특수 사정에 맞추어 취급하여 노인이자 병자, 어린이나 임산부의 요구가 특히 고려되어야 하는가? 보충 식량은 육체노동자 그리고 그 사회에서 가장 유익한 사람에게 분배되어야 하는가? 남녀, 내국인·외국인은 똑같이 취급되어야 하는가? 인종, 계급, 종교, 정치적 관계의 차이는 어떠한가? 이러한 것들은 무시되어야 하는가 그렇지 않은가? 일련의 최종적 규칙의 적용을 책임지고 있는 관리에게 있어서 정의란 이 규칙들을 따르는 데 있다.

가능한 모든 분배 중에서 어떤 것이 이성의 규칙에 더욱 적합한가? 이 질문에 대답하기란 쉽지 않다. 그러나 어떠한 규칙이 채택되더라도 이는 항상 정의의 규칙을 적용하는 한 예일 것이라는 것을 처음부터 주의해두자. 이 규칙은, 동일하지 않은 존재에 적용되는 것을 뜻하는 이상, 동일한 존재에 대한 동등한 처우가 아니라 본질적으로 유사한 존재에 대한 동등한 처우를 요구한다. 본질적으로 유사한 존재라는 것은 본질적인 차이, 즉 중요하고 그 상황에서 고려되어야 하는 차이가 없다는 것을 의미한다.

이렇게 개념 규정된 정의의 규칙은 형식적 규칙이다. 왜냐하면 이를 통하여 어떤 경우에 두 존재가 본질적으로 유사한지, 또 공정하려면 두 존재가 어떻게 취급되어야 하는지 확정되지 않기 때문이다. 구체적 상황에서는 이 두 요소를 명시하는 것은 반드시 필요하다. 법 자체가 그 적용 기준을 갖추고 있을 때 정의의 규칙은 명시적으로 법규칙이 되는데, 이는 법의 시각에서 유사한 자 모두를 법에 의해 결정된 방식으로 취급할 것을 요청한다. 법규칙이란 입법자의 의지에 의해 정해진 정의의 규칙이다. 법규칙에 따르는 행위는 그 법을 올바르게 적용하는 것인 까닭에 정의롭다.

정의의 규칙이 순전히 형식적 규칙으로 인식된다면, 그의 중요성은 무엇인가? 정의의 규칙은 사람들이 행동을 함에 있어서 규칙적 행위 방침에 충실해야 한다는 요청에 국한된다. 이 요청은 Dupreel

이 말하는 "정적 정의"를 명확히 해주는데, 그 이유는 제정된 규칙이나 승인된 선례가 무엇이건 간에 이에 순응하는 데 정적 정의의 특징이 있기 때문이다. 권위 있는 결정에 따라 사건을 해결했을 때 본질적으로 유사한 사건을 같은 방식으로 취급하는 것은 정의롭다(선례구속의 원칙). 우리는 승인된 권위를 가지고 행해진 이전의 어떠한 결정을 선례, 즉 암묵적 규칙의 적용의 한 예로 전환시킨다. 행위의 영역에서와 마찬가지로 사상의 영역에서도 정의의 규칙은 일정한 행위양식의 반복을 정상적인 것으로 인정한다. 정의의 규칙은 법적 안정성에 부여하며, 어떤 범주의 각 구성원을 그 범주의 다른 구성원과 마찬가지로 취급하도록 재판관에게 지시하는 법적 삼단 논법을 통해서 구체화된다.

공정한 재판관은 동일한 규칙이 적용되는 모든 사람을 같은 방식으로 대하므로 결과가 어떻든 간에 정의롭다. 따라서 그는 어떤 감정과도 거리가 먼 저울이나 기계에 비유될 수 있다. 이들은 협박받을 수도, 부패할 수도, 감동하여 동정할 수도 없다. '엄격한 법이 좋은 법이다.' 이 규칙은 법 앞의 평등이며, 달리 표현하면 법 제정자의 교환 가능성이다.

이러한 정의 관념에 따르면 재판관은 재판관으로서의 역할을 함에 있어서 법에 대해 의문을 가져서는 안 된다. 도덕적으로는 인정할 수 없는 이러한 관념을 독점적 입법권을 입법부에, 사법을 통제하고 판결이나 결정에 있어서 재판관이 법을 위반하지 않도록 주의시키는 제한된 역할을 최고법원에 분배하는 권력분립의 원칙에서 찾아볼 수 있다. 뒤에서 살펴보듯이, 법을 정립하는 데 있어서 재판관의 적극적 역할을 허용한다면, 특히 보통법의 경우에서와 같이 형평에 따라 판단하기로 되어 있다면 재판관의 기능을 제한할 수 없음은 말할 필요도 없다.

위대한 윤리적, 종교적 전통은 모두 그 계율 중에 타인을 자신처럼 취급하도록 요청하는 황금률을 포함하고 있다. '남의 행동의 기준이 될 수 있게끔 행동하라.' 이는 칸트의 정언명령이나 Singer의 일반화 원리(한 사람에게 옳거나 그른 것은 동일한 처지에 있는 다른 사람에게도 동일하게 적용되어야 한다)에 접근하고 있다.[28]

우리는 황금률의 여러 변형공식들 속에서 정의의 규칙의 몇 가지 적용 및 그 몇 가지 요소의 구체화의 예를 볼 수 있다. 정의의 규칙은 두 인간이 언제 본질적으로 유사한 것으로 간주되어야 하는지를 말하지 않고 있다. 이에 비하여 황금률은 우리가 우리의 이웃이나 우리와 비슷한 모든 사람을 유사한 것으로 생각해야 한다고 말한다. 정의의 규칙은 그들이 어떻게 취급되어야 하는지를 말하지 않는다. 이에 비하여 황금률은 우리 자신이나 동료에게 실행되었으면 하는 그런 종류의 행위를 귀감으로 삼는다. 정의의 규칙 덕분에 주관적 판단은 윤리적 규범, 즉 황금률로 전환될 수 있다.

제일성을 요건으로 하는 정의의 규칙은 예견가능성과 안정성을 가져온다. 이는 법질서가 정합(整合)적이고 안정적으로 기능하도록 해준다. 그러나 그것만으로는 정의에 대한 우리의 욕구를 충족시키는 데 충분치 않다. 그렇게 실현된 질서 그 자체가 공정할 필요가 있는 것이다. 게다가 형평은 결과를 고려하지 않는 일정한 규칙의 제일적, 기계적 적용과 대립되는 경우가 많지 않은가? 또한 규칙의 적용은 대부분의 일상적 사건의 해결에는 만족스럽게 작용하지만 예외적 사건에

---

28) M. G. Singer, *Generalization in Ethics*, Knopf, 1961, 제5면.

적용될 때 윤리적으로 인정할 수 없는 결과를 낳을 수 있지 않은가? Aristotle는 이러한 이의를 예상하고 주저하지 않고 형평을 내세웠다. 즉, 형평은 정당한 것이지만 법적 정의는 아니며 법적 정의의 수정이다. 그 이유는 법률은 항상 일반적 문언인데, 그것으로는 포섭할 수 없는 사건들이 존재하기 때문이다. 따라서 일반적 문구로 규정하는 것이 필요하지만 그렇게 정확하게 할 수 없는 문제에 있어서 법률은 잘못이 있는 줄 알면서도 사건의 다수를 고려한다. 또한 이로 인하여 악법이 되는 것도 아니다. 왜냐하면 법률이나 입법자에게 잘못이 있는 게 아니라 사건의 본성에 잘못이 있기 때문이다. 행위의 여건은 본래 불규칙하다. 그러므로 법률이 일반적 규칙을 설정하고, 그 후 그 규칙에 대한 예외가 발생했을 때, 입법자의 선언에 그 절대성으로 인하여 흠결과 오류가 있는 곳에서는 입법자가 그 상황에 있다면 스스로 판결할 바에 따라 또 입법자가 문제의 사건을 인지했다면 제정했을 바에 따라 판단함으로써 결함을 수정하는 것은 정당하다. 이는 Aristotle가 형평에의 의존을 어떻게 정당화하였는지를 보여주는데, 저자는 이를 다른 곳에서 '정의의 지주'라고 부른 바 있다. 그러나 지금에 와서는 이 사실이 당연한 것으로 여겨지지 않는다. 오히려 반대로 법률로부터의 어떠한 이탈도 그에 대한 정당화가 필요하다.[29]

따라서 형평에의 의존은 법률에 반하는 것으로서 재판관에의 의존이 된다. 우리는 조문에 입각한 선례와 정의의 규칙에 따라 엄격하게 적용된 법률이 부정의한 결과를 낳을 때는 언제나 재판관의 형평 감각에 호소한다. 우리는 이에 대한 세 가지 이유를 들 수 있다. 첫째, Aristotle가 언급했듯이 입법자가 예상치 못한 이례적 사건에도 법을

---

29) H. Rackham, *Nicomachean Ethics*, Harvard University Press, 1912, 제1137b면.

적용할 의무가 있다. 둘째, 통화가치의 폭락이나 전쟁, 재난과 같은 외부적 조건으로 인하여 계약 조건이 변하여 이를 엄격하게 집행하면 한쪽 당사자가 심히 침해될 때 작용한다. 셋째, 도덕 감정의 변화로 인해 입법자나 재판관이 무시한 어떤 구별이 현재의 사실 판단에 있어서 필수적인 것으로 등장하는 경우가 있다.

입법자가 질서를 원하는 상황이 너무나 다양하고 유동적이어서 그에 대한 정확한 규칙을 세울 수 없음을 깨달을 때에는, 입법자는 각 특정 경우에 그 적용을 법관의 형평에 위임하는 몇 개의 일반 규정에 만족할 경우도 있다. 일반적으로 법률은 법관에게 그렇게 많은 평가의 자유를 허용하지 않는다. 그럼에도 불구하고 법관은 부당한 결과를 회피할 수 있도록 법률을 해석하려 할 것이다. 이는 선례를 따르도록 되어 있는 영국의 보통법 법관에게뿐만 아니라 미국 헌법의 조문을 해석해야 하는 미국의 법관에게도 해당된다.[30]

법률이건 선례이건 기계적으로 적용되지는 않는다. 법관은 그의 관할에 속하는 모든 사건을 재판하여야 하므로 그는 해석 권한을 행사함으로써 자신의 임무를 완수할 수 있다. 실제로 나폴레옹 법전 제4조에 따르면 법관은 법률의 흠결, 불확실 및 부적합을 구실로 사건을 거부해서는 안 된다고 규정하고 있다. 이와 유사한 규정은 모든 체계의 국내법에서 볼 수 있으며, 국제법에서만 예외가 있을 뿐이다. 법관은 문언상 논쟁의 여지가 없고 분명한 법률을 적시함으로써 그의 결정을 정당화할 수 없는 경우에도 무엇이 정당한가를 결정해야 한다. 우리는 법관의 해석 권한이 법률의 명확성과 정밀성에 반비례함을 알

---

30) E. H. Levi, *An Introduction to Legal Reasoning*, University of Chicago Press, 1961.

고 있다.

여기에 법관이 정의의 규칙의 적용에만 만족하지 않고 그의 형평 감각에 맞는 결정을 하기 위해서 어떻게 평가 권한을 이용하는가를 더욱 명백하게 보여 주는 경우도 있다. 마찬가지로 보통법 하의 법관은 선례에 구속되는 것처럼 보이는데도 불구하고('선례 구속의 원칙'), 선례의 범위를 '판결 이유'에 한정함으로써 부정의를 초래하는 극도의 경직성으로부터 탈피할 수 있었는데, 법관은 필요하다고 여겨질 때는 언제나 구별을 행하여 판결 이유를 자기 나름대로 규정한다.[31]

조문의 해석에 의해서 법률을 적용시키는 대신에 사실을 한정하고 이에 따라 조문의 적용 범위에 영향을 줌으로써 법률을 수정할 수 있다. 특정 사건을 법률의 적용 범위에 포함시킬지 배제시킬지를 결정함으로써 법관은 그 법의 효과를 변경할 수도 있다. 이는 로마 시민에게만 관계되는 법률의 적용을 외국인에게 확장시키기 위하여 로마의 법무관이 사용한 기술이었다. 법관, 특히 상소심 법관이, 가령 모든 증거에 반해서 범죄 행위가 실제로 일어났음을 부인할 때에는 그런 의제에 의존할 수 있다.

법의 적용에 있어서 형평이 갖는 이러한 기능으로 인하여 우리는 어떤 판결이 정당한 것으로 되기 위해서는 그 판결이 정의의 규칙에 따르는 것으로 필요충분하다고 단언할 수 없게 된다. 정의의 규칙은 단지 일정 범주 내의 다른 구성원이 취급되는 것과 똑같이 그 범주의 한 구성원을 취급한다면 그 행위가 '형식적으로' 공정하다는 것을 말해줄 뿐이다. 그러한 행동은 사법적 추론의 결과와 일치하므로 형식적으로는 공정하다. 그러나 형평은 안정성보다 우위에 설 수 있으며,

---

31) E. H. Levi, 위의 책.

불공정한 결과를 피하려는 욕망에서 법관은 입법권을 부인한다 할지라도 현행 제도 하에서는 그에게 해석 권한을 맡기지 않을 수 없다. 그러한 권한을 행사할 수 있기 때문에 법관은 어떤 사건에 있어서는 전통적 해석을 넘어서 정의의 규칙에 따르지 않고 법의 적용을 수정할 수 있을 것이다. 그러나 자의를 피하기 위해서 법관은 선례에서 벗어나는 결정을 정당화하여야 하며 또 그에 대한 특별한 이유를 제시하여야 할 것이다.

만일 정의의 규칙이 법의 공정한 적용에 항상 적합한 것은 아니라면, 법 자체를 판단―즉 그 법이 정의로운지 부정의로운지를 결정―하게 될 때 정의의 규칙은 완전히 무력하다. 요컨대 정의의 규칙은 그 규칙의 내용에 대해서는 아무것도 얘기해 주지 않는 것이다.

규칙을 수정할 수 있는 자는 아무리 자의로 행동한다할지라도 형식적 부정의라는 비난은 피할 수 있을 것이다. 사실상 그가 하여야 할 일은 단지 자신의 목적에 기여하도록 어떤 특질을 그 규칙에 부가시키기만 하면 된다. 법률이 정한 범주에 속하는 어떤 사람에게 그 규칙을 그대로 적용하기를 원하지 않는다면, 필요한 것은 단지 주어진 범주를 두 개의 서로 다른 하위 부류로 구분해 주는 보충조건을 설정하는 것뿐이다. 즉, 법률에 'M은 모두 P이어야 한다'라고 규정되었을 때, 지금부터는 '유럽에서 출생한 M은 모두 P이어야 한다'라고 하거나 혹은 일반적으로 'Q라는 특성을 가진 M은 모두 P이어야 한다'라고 간단히 결정할 수 있다. 이렇게 하면 즉시 법률은 1900년 이후에 출생한 M이나 유럽에서 출생하지 않은 자, Q라는 특성을 갖지 않은 자에게는 더 이상 적용되지 않는다. 또한 이러한 M이 P일 필요가 없다면 법률의 수정자는 법률을 위반했다거나 정의의 규칙을 침해했다고 비난받을 리 없는 것이다.

　다음의 예는 규칙의 제정이 조문에 합치하고 정의의 규칙에 일치할지라도 어떻게 정의의 정신에 반할 수 있는가를 보여줄 것이다. G정부와의 무역협정의 결과 덴마크가 '최혜국'조항의 수혜국이 되었다고 가정하자. 이 조항에 따르면 G정부는 어떤 상품이건 간에 제3국에 대해 허용하고 있는 것과 동일한 수입 관세의 삭감을 덴마크에 대해서도 인정하여야 한다. 지금 G정부는 스위스 버터에 대한 관세 삭감을 스위스에게 허용하려고 하는데 덴마크가 이러한 특권으로부터 이익을 얻기를 원하지 않는다. 그렇지만 덴마크와의 조약을 버젓이 위반하고 싶지도 않다. 이 양립 불가능한 욕망을 조정하기 위해 G정부는 관세삭감은 고도 1,000미터 이상에 위치한 목장에서 기른 소에서 생산된 버터에만 적용될 것이라는 것을 명시하기로 결정한다. 분명히 덴마크의 버터는 이 조건을 충족시키지 못한다. 이 계획은 성공하고 덴마크와의 협정 조문도 지켜진다. 그러나 G정부의 행위가 덴마크에 대해 약속한 의무에 실제로 합치한다고 주장할 수 있겠는가?

　이 예를 보면 정의의 규칙은, 특정한 상황에 대한 현존하는 규칙의 정확한 적용 여부를 판단하는 경우에는 분명히 중요하지만, 결코 정의라는 개념의 내용을 파헤치지는 못한다는 것을 알 수 있다. 우리는 정의로운 행위란 규칙의 내용이 어떻든 간에 이를 정확히 적용한다는 의미가 아니라, 정의로운 규칙의 정확한 적용이라고 규정되기를 원한다.

10. '틈' 보완 논리

법이란 사람들 간의 관계를 규율한다. 그것은 행동의 모양새를 규율한다. 그것은 사회의 가치들을 반영한다. 법해석자의 역할은, 사회에서 법의 목적을 이해하고, 그 실현을 돕는 것이다.

한 사회의 법은 살아있는 유기체이다.[32] 그것은 끊임없이 변하는 사실적·사회적 현실에 바탕을 두고 있다.[33] 그 변화는 가끔은 급격하고, 갑작스럽고, 혹은 쉽게 규명될 수 있다. 가끔은 그 변화가 보잘 것 없거나, 점진적이고, 일정한 거리나 견지가 없이는 알아차리지 못한다.

이러한 유동적 현실에의 연결은 법이 언제나 변함을 의미한다. 가끔은 법의 변화가 사회변화에 선행하기도 하고, 사회변화를 자극하기도 한다. 대부분의 경우에, 법의 변화가 사회변화의 결과이기는 하다. 그러나 사회적 현실의 변화에 법의 변화가 뒤따라야 함이 일반적이다. 즉, 사회적 현실의 변화가 법의 생명을 가늠한다. 법의 생명은 사회적 변화의 욕구에 적응키 위한 것이다. 법해석자는 이런 변화의 주축이 된다. 법해석자가 입법자의 역할을 하는 것이다. 변화는 확실성과 안전성을 저해하므로, 변화의 필요성은 법해석자에게 진퇴양난으로 작용한다. 법해석자는 변화와 안정성 간의 균형을 취하여야 한다.[34]

---

32) B. Dickson, A Life in the Law: The Proress 0f Judging, 63 *Saskatchiwan Law Review* 373, 2000, 제388면.

33) B. N. Cardozo, *The Paradoxes of Legal Science*, Greenwood Press 1970 (1928), 제10~11면.

34) J. Stone, *Legal System and Lawyers' Reasonings*, Stanford University Press, 1968(1964), 제209~298면.
    J. Stone, *The Province and Function of Law*, Harvard University Press,

Pound가 이미 수세기 전에 설파하였듯이, 법에 관한 많은 생각들은 양자의 조화에 두어졌다. 법은 안전적이어야 하나, 법이 그냥 머물고 있을 수는 없다는 것이다.

변화 없는 안전은 퇴보적이고, 안전 없는 변화는 무질서적이다. 법 해석자의 역할은, 법과 사회적 욕구 간에 생기는 틈에 관한 교량 역할을 얼마나 충실히 하느냐가 문제이다. 법의 퇴보와 무질서적 상황이 없는 상태를 확인하고, 법체계의 변화 있는 안전, 안전 있는 변화를 확인하여야 한다. 이 목표의 달성은 매우 어렵다. 법의 생애는 복잡하다. 그것은 단순한 경험도 아니다. 논리와 경험이 함께 있다.[35] 문제는 유연성의 정도이다. 법체계 내에서의 일관성 확보가 문제이다.[36]

1961(1946), 제149~204면.

35) R. Pound, *Interpretations of Legal History*, 1923, 제1면.

36) L. Fuller, *Anatomy of the Law*, 1968, 제94면.

제4장

목적론적 법해석

11. 개설

해석이란, 본문에 의미를 부여하는 합리적 행위를 말한다. 즉, 해석은 본문으로부터 법적 의미를 도출하는 행위이다. 해석자는, 인간언어를 법적 언어로 옮기는 것이며, 본문을 법적 규범으로 바꾸어, 정태적 법으로부터 동태적 법으로 바꾸는 것이다.[37]

이때 해석자의 열망은, 진정한 함의가 아닌 적절한 함의이다. 모든 해석문제는 본문의 언어와 그 참뜻과의 관계를 해결해야 한다. 이 문제에의 답이 바로 목적론적 해석이다. 법해석의 목적은 법의 목적을 실현하는 것이다. 다시 말해, 해석의 목적은 본문이 그 본문을 고안한 목적을 실현하는 것이다. 법은 사회적 목적을 실현하기 위한 도구인 것이다.

법은 정상적인 사회생활의 권리·평등·정의를 보장하기 위해 의도

---

37) B. Bix, *Law, Language, and Legal Determinacy*, Oxford University Press, 1993.

된다. 법의 역사는 이들 목적 간의 적절한 균형을 실현해야 한다. 진정법이 사회목적의 실현을 위한 도구라면, 그 법해석은 이들 목적의 실현을 가능케 하도록 행해져야 한다. 더욱이, 개별법은 홀로서는 존재할 수 없다. 개별법은 일반적 사회활동의 한 부분으로서 사회전체의 맥락에서 존재해야 한다. 그러므로 개별법 목적은 전체 법체계의 배경 하에서 평가되어야 한다.

법의 전개는 법체계 내에서 규범적 정합성을 유지하고, Fuller 교수가 설명한 바대로 법체계의 근본가치를 반영하여야 하며, 모든 규정이 법체계에 통합되어야 한다.[38]

법해석자는 법체계로부터 유리된 개별법을 해석하지는 않는다. 그는 법체계의 맥락에서 해석하고, 그의 규율은 법체계로 흡수되는 것이다. 이런 이유로, 그의 법해석은 유기적이고, 법해석의 진전은 자연스러워야 하고, 그 진전은 점진적으로 발전하여야 하며, 그 진전은 연속적이어야 하고, 또한 일관성이 확보되어야 한다.

동일한 경우에는 동일하게 행동하여야 하고, 이것이 이치에 맞는 행동이다. 그렇지 않으면 불안정성과 그로 인한 불확실성을 유발하고, 실제로 선례로부터 이탈함은 심각한 문제이기 때문이다. 선례로부터의 이탈은 예외적이어야 한다.

12. 목적론적 해석

목적론적 해석은 새로운 제도가 아니다. 대륙법계 국가에서는

---

38) Lon Fuller, *Anatomy of the Law*, 1968, 제4면.

Teleology라고 하여 telos 혹은 목적에 따른 해석으로 널리 사용되어 왔고, 보통법 국가에서도 목적이 입안자의 의도를 나타내는 주관적 목적이냐, 객관적인 목적이냐, 두 가지가 혼합된 것인지에 관한 불확실성이 있기는 하지만, 목적론적 해석을 역시 받아들인다.[39]

저자는, 종합적 해석구도를 밝힘으로써, 이 문제를 분명히 하고자 한다.

목적론적 해석은, 목적 개념에 기초하게 된다. 목적이란, 법이 구상하는 하나의 규범적 개념이다. 입법의 목적은 주관적·객관적 두 요소를 포괄한다. 입법자의 실질 의도는 언제나 연관된다. 주관적 목적은 여러 가지 수준에서 작동한다. 모든 입법자는 여러 수준에서 의도를 실현키를 원하기 때문이다.[40]

객관적 요소 또한 여러 수준에서 목적에 영향을 미친다. 낮은 수준에서는, 합리적 입법자가 주어진 본문을 통해 실현하고자 하는 가상적 의도이다. 높은 수준에서는, 전체 법체계의 근본가치를 실현하는 것이다. 본문의 궁극적 목적은, 주관적 객관적 양자의 관계에 의해 결

---

39) F. Bennion, *Statutory interpretation*(3d ed.), 1997.
   R. Cross, *Statutory Interpretation*(3d ed.), 1995, 제92면.
   W. Eskridge, Jr., *Dynamic Statutory Interpretation*, 1994, 제9면
   R. Sullivan, *Driedger on the Construction of Statutes*(3d ed.), 1994, 제35~77면.

40) H. Hart Jr., A. Sacks, *The Legal Process: Basic Problems in the Making and Application of Law* (W. N. Eskridge, Jr. & P. P. Frickey, eds.), 1994, 제1169면.
   K. N. Llewellyn, Remarks on the the Theory of Appellate Decisions and the Rules or Canons about How Statues are to be Construted, 3 *Vaderbilt Law Review* 395, 제395면.
   Max Radin, A Short way with Statutes, 56 *Harvard Law Review* 388, 제398~399면.

정된다.

주·객관적 관계를 어떻게 규정하는가? 우리는 이 양자의 적절한 관계를 언어적·해석학적으로 파악할 수는 없다.

이 양자 관계의 균형은 헌법적 고려에 의존하게 된다. 헌법이 이 양자관계를 규정하는 그릇이 된다. 헌법이 이 양자관계의 균형에 답을 제공한다.[41]

가끔은 헌법이 그 해답을 해석자의 재량으로 남긴다. 목적론적 법해석자들은 해석자의 재량을 불가결적 요인으로 보고 있다. 법해석의 문제는 허용하는 해석자의 재량의 크기에 의존한다고 하여도 된다.[42]

13. 목적론적 해석과 제정법

목적론적 해석은 또한 헌법을 포함한 제정법의 본문에 적용된다. 각 법은 목적을 가지며, 이 법이 실현코자 하는 목적은 가치·정책기능을 포함하기도 한다. 주관적·객관적 요소를 포함한다. 법해석자는 법의 언어에 그 목적을 가장 잘 표현하는 의미를 주어야 한다,

주관적 목적은 입법자의 실제 의도를 반영하며, 이것은 합리적인 입법자의 의도인 객관적 목적과 대비된다. 주관적 목적은 입법자의 의도와는 구분된다.[43]

---

41) J. Mashaw, As if Republican Interpretation, 97 *Yale Law Journal* 1685, 제 1686면.

42) A. R. Amar, Interpretation, 112 *Harvard Law Review* 747. 제1999면.
   A. R. Amar, The Document and the Doctrine, 114 *Harvard Law Review* 26.

43) R. Dworkin, *Driedger on the Construction of Statutes*, 1985, 제48~50,

주관적 목적은 입법자가 실현코자 하는 정책을 포함한다. 목적의 이 국면은 대내외적 모든 신뢰할 수 있는 자료들이 드러내어 주는 입법자의 실제 의도를 의미한다.[44]

우리에게 주관적 목적에 관한 정보가 없는 경우엔, 법해석에 있어 주관적 정보가 유일한 정보일 수는 없다. 가끔은 많은 정보가 있을지라도 그것이 법해석에 도움이 되지 않는다. 더욱이, 주관적 목적에 관한 유용한 정보를 발견하더라도, 입법정보에 관해서만 초점을 둔다면, 입법을 변화하는 과정에서 살아있는 유기체로 간주하지 못할 것이다. 그런 입법정보는 입법이 작동하는 법체계의 존재에 무감각하게 되고, 법과 사회의 틈을 메꿀 수 없어, 개별법을 법체계의 뼈대에 접목시키지 못하기 때문이다. 오히려 개별법의 의도에 너무 많이 의존하면 그런 정보는 개별법의 의미를 입법과정에서의 한 역사적 순간으로 고착시키고, 결과적으로 법해석자들은 역사가나 고고학자가 되는 것이지, 법과 사회 간의 간격을 메우는 역할을 할 수 없는 것이다. 그는 앞을 내다보는 것이 아니라, 거슬러 올라가고 있는 것이다. 그런 법해석자는 고정되고, 단조롭고, 전진은 고사하고 정체해 있는 것이다. 그는 입법부와의 동반자 아닌, 입법역사연구가에 불과하게 된다. 이런 역사에의 예속은 민주국가에서 법해석자의 역할을 방기하는 것이다.

입법의 객관적 목적은, 민주국가에서 법이 실현해야 할 가치, 정책,

52~55면.

44) J. Waldron, *Legisltltors' Intentions and Unintentional Legislation, in Law and Interpretation: Essays in Legal Philosophy* (Andrei Marmor ed., 1995). 제353면.

T. A. Aleinikoff, Updating Statutory Initerprtitation, 87 *Michigan Law Review* 20, 제21면.

기능을 의미한다.[45] 법해석 시점에서의 객관적인 것의 범주는, 문자 그대로의 객관적 목적을 나타낸다. 객관적 목적은, 입법자가 감히 그 목적을 의도하지 않았을 경우도 있을 수 있으므로, 입법자의 최초 의도에 관한 추측만으로 설정될 수는 없다. 객관적 목적은 입법자의 진정한 의도를 필연적으로 반영하지는 않기 때문이다. 그것은 심리·역사적 현실을 반영하지는 않는다. 낮은 단계에서, 객관적 목적은 입법자가 그 사건에 대해 생각했을 의도를 반영하며, 이는 곧 합리적 입법자의 의도를 반영한다.[46]

높은 단계에서, 법에 의해 규율되는 사건의 성질에 맞는 목적을 말하며, 최고 높은 단계에서는 민주체제의 근본가치를 실현하는 것이다. 이 목적은 한 개별법에서 다른 개별법으로 이동함에 따라 다르다. 모든 입법에 연장되는 (규범적) 우산을 구성하면서 모든 개별법에 적용된다.

법해석자는 객관적 목적을 법언어로부터 우선 배울 수 있다. 그리고 법해석자는, 입법에 의해 규율되는 주제 혹은 처리의 성격 혹은 상식을 행사함으로써 입법에 근본되는 객관적 목적을 파악할 수 있다. 법해석자는, 법자체에서부터는 물론, 동일 문제를 다루는 가까이 연결되는 다른 법으로부터도 객관적 목적을 파악할 수 있다. 더욱이, 입법의 전체로부터도 객관적 목적에 관한 정보를 얻을 수 있다. 개별법은 법 전체의 한 부분이 되는 반면, 개별법과 법 전체 간에 상호영향을 가져오기 때문이다.

---

45) T. A. Aleinikoff, 위 논문, 제20, 21면.
46) S. Breyer, Our Democratic Constitution. 77 *New York University Law Review* 245, 제266면.

또한, 사회·역사적 배경이 목적에 영향을 미친다. 사회적 욕구가 입법을 유도하는 것이므로, 그들을 고려하는 것이 당연하다.[47] 또한, 사회·문화적 전제가 입법에 영향을 미친다. 법체계의 원리와 전체 법문화도 법해석자가 개별법의 목적을 결정하는 과정에 영향을 미친다. 법원리는 개별법이 힘을 얻는 우물과 같다. 개별법은 법공동체에서 법문화의 근본원리에 기초하고 따라서 모든 법이 다른 법체계에 영향을 미치고, 나아가서 객관적 목적을 각인하는 것이다.

끝으로, 민주적 법체계에서의 근본원리는 법의 정신과 개별법이다. 모든 개별법은 이와 같은 배경으로부터 나온다. 합목적적 해석은 이들 원리들을 각 개별법의 일반목적의 전제로 전환시킨다. 이들 전제는 각 개별법의 객관적 목적의 한 부분이 된다.[48] 그들은 특정 입법에 한정되지 않고, 언제나 즉시 적용될 수 있다. 그들은 처음부터 끝까지 모든 해석과정에 수반된다. 그들은 Sunstein이 말한, 해석자를 돕는 배경 규범의 역할을 한다.[49]

법규의 해석에서 주된 관심사는, 궁극적 목적 결정에서의 주관적·객관적 목적 간의 관계 결정에 있다. 그 관계란 무엇인가? 분명하고 신뢰할 만한 주관적 목적이 있고 그것이 객관적 목적과 상충하는 것인가? 목적론적 해석의 답은, 우리가 모든 법을 획일적으로 볼 수는

---

47) F. Frankfurter, Some Reflections on the Reading of Statutes, 47 *Columbia Law Review*, 527, 제533, 537, 542~543면.

48) Lourens du Plessis, *The interpretation of statutes, D&S Publishers*, 1986, 제61면.

49) Cass R. Sunstein, Interpreting Statutes in the Regulatory State, 103 *Harvard Law Review* 405, 제460면.
J. R. Siegel, Textualism and Contextualism in Administrative Law, 78 *Boston University Law Review* 1023, 제1060면.

없다는 것이다. 목적론 해석은 여러 법규를 몇 가지로 구분해서 보는
것이다. 법규의 연령이 목적들 간의 관계에 영향을 미친다. 법규가
오래될수록 객관적 목적에 큰 비중을 둔다. 반대로 법규가 일천할수
록 주관적 목적에 큰 비중을 둔다. 이 점은 Bennion이 분명히 하고
있다.[50]

목적론적 해석은 또한 법규가 규율하고자 하는 문제의 범위에 따라
구분한다. 예를 들어, 좁은 문제를 다루는 법규는 넓은 문제를 다루는
법규에 비할 바가 못 된다. 좁은 문제를 다루는 법규일수록 주관적 목
적에 보다 큰 비중을, 넓은 문제를 다루는 법규에는 객관적 목적에 보
다 큰 비중을 두게 된다.[51]

다음은, 법칙에 바탕을 둔 법규와 정책에 바탕을 둔 법규의 구분이
다. 규칙에 바탕을 둔 법규에서는 법해석은 금지·허용하는 분명한 선
을 그어야 하고, 법이 실현코자 하는 상태가 정책에 바탕을 둔 법규에
서는 달성되어야 하는 이상향을 그릴 뿐이다.[52]

14. 목적론적 해석과 재량

법해석자가 주관적·객관적 목적을 결정함에 있어 재량이 개입될

---

50) F. A. R. Bennion, *Statutory Interpretation*(3d ed.), Butterworths Law, 1997, 제687면.

51) J. B. McDonnell, Purposive Interpretation of Uniform Commercial Code, 126 *University of Pennsilvania Law Review* 795, 1978.

52) K. M. Sullivan, The Justices of Rules and Standards, 106 *Harvard Law Review* 22, 제57~69면.

여지가 있다. 사실, 법해석의 문제는, 재량이 없이는 성립되지 않을 일이다. 재량 없는 법해석은 신화에 불과하다. 어떤 법해석론도, 해석적 재량이라는 내부적 요소에 의존한다.[53] 한 개 이상의 해석이 가능한 법이 존재하므로, 그런 상황 하에서 법해석자의 재량이 불가피하다.[54]

법적공동체[55]에 관한 기본견해로 구획되는 법해석자는 선택의 특권[56]을 갖는다.

적절한 해결 없는 경계선 상의 경우가 많다. 단, 재량은 절대적 아니고 제한적이다.[57]

재량의 제약은 절차적·실체적이다. 절차적 제약은 재량의 공정성이고, 실체적 제약은 합리적·일관적·정연성이 있어야 한다. 법해석자는 개인적 편의나 편견 없이 불편부당해야 한다. 법해석자는 합리적으로 행동하여야 하고, 법체계의 다른 영역으로부터의 제도적 제약을 고려하여야 한다.

이런 책임과 제약이 있는 줄 아는 법해석자는 어떻게 해야 할까?

---

53) Daniel A. Farber and Suzanna Sherry, Desperately Seeking Certainty: The Misguided Quest for Constitutional Foundations, *University of Chicago Press*, 2004, 제140, 145면.

54) W. Twining, David Miers, *How to Do Things with Rules*, Cambridge University Press(4th ed.), 1999, 제179면.
The Uses of Discretion (K. Hawkins ed.,), Oxford University Press, 1995.
Juan Moreso, *Legal Indeterminacy and Constitutional Interpretation*, 1998.

55) O. M. Fiss, Objectivity and Interpretation, 34 *Stanford Law Review* 739, 제44~45면.

56) O. W. Holmes, Law in Science and Science in Law, 12 *Harvard Law Review* 58, (1899).

57) B. N. Cardozo, *The Growth of the Law*, Yale University Press, 2009, 제61면.

법해석자는, 앞서 언급한 절차적·실체적 경계 이외에는 재량을 행사하는 원칙이 없다는 점을 감안하고, 그가 생각하는 목적을 가장 잘 수용하는 해법을 선택해야 한다. 그리고 이 범위 내에서는 실용기준이 작동한다. 법해석자는 법해석적 활동에서 정의를 실현토록 염원하여야 한다.

정의는 전체 법체계의 견지에서 이행되어야 한다. 정의가 법체계의 근본가치 중 하나이므로, 정의가 해석적 과정 전체를 유도한다.[58]

물론, 정의는 복잡한 개념이므로, 법해석자에 따라 정의개념이 달라질 수는 있다. 그러나 이론적인 복잡성에도 불구하고, 우리 각자는 분쟁의 정의로운 해결에 관하여 직관적인 감을 갖고 있다. 이 감정이 해석적 과정의 모든 단계에서 우리를 유도할 것이다. 그것이, 법적 재량이 우리의 가장 필수적 도구인 귀찮은 경우(Hard Case)에서의 우리의 결정을 이끌어 갈 것이다.

15. 합목적성[59]

Kant 해설자들에게, 합목정성의 관념은, Kant의 판단력비판에서 미에 관한 주요 개념이며, 결과적으로 통일을 위한 성가신 관심사로 되고 있다. Kant는 판단력비판의 제10절에서 합목적성의 정의를 밝히고 있다: 목적에 대한 인과관계가 합목적성이다.

---

58) J. Raz, *The Authority of Law: Essays on Law and Morality*, Clarendon Press, 1979, 제197면.

59) P. Guyer (ed.), *Critique of the Power of Judgment*, Cambridge University Press, 2000, 제106~107, 111, 233~234, 261~263면.

이때 목적은 인과관계의 하나의 혈통으로 본다.

Kant의 합목적성의 정의는 그 용어의 일반적 함의와는 다르다. 일반적으로 목적적이라 함은 어떤 목적달성에 유용함을, 목적에 공명함을 의미하지만 Kant의 경우는 다르다. 단순히 목적에 관련될 뿐 아니라, 한 개념을 유발하는 관계에 있어야 한다.

판단력비판의 제10절은 4~5문장으로 구성되는 두 단락이다. Kant적 합목적성의 정의는 제1단락의 첫 세 문장에 있고, 여기에 초점을 맞추고 있다. Kant는 그의 설명을 초월적 성격을 갖는 목적을 정의하면서 시작한다. Kant는 목적을 인과관계적 역할, 즉 실질적 토양이 되는지(목적과 생산관계에 있는 지)에 따라 제한한다. 목적이란 어휘는, 단순히 관련 표상성만이 아니고, 인과관계를 고려해서 사용되어야 한다는 것이다.

목적은 효과를 통해서만 실현된다. 이 인과관계가 바로 합목적성이다.

제10절의 첫 번째 두 문장이 가르치는 바가, 목적과 합목적성의 정의이고, 세 번째 문장에서, 원인·효과 표상에 대해 논하고 있다. 우리가 목적론적으로 특징지울 때 생물과 그 기관들을 목적적이라고 한다. 우리는 합목적성을, 체험할 수 있는 자연일반으로 돌린다. 우리는 또한 합목적성을, 인지능력이 자연법칙을 발견·체계화 하는 하나의 도구로 돌린다. 그리고 미적 판단 역시 합목적성에 기인한다. 그래서, 합목적성의 개념이, Kant의 미감·생물학적 목적·자연의 체계화를 하나로 엮어 내는 구실을 하는 것이다. 합목적성에 관한 Kant의 개념은 판단력비판의 제10절에서 출발한다. Kant는 목적을 개념의 대상이라 칭하고 후자는 전자의 원인이며, 합목적성은 개념이 대상에 대

하여 일으키는 인과율로 나타나는 결과라고 한다.

이러한 제10절의 시작어구는, 어떤 물건이나 사태의 개념이 일정한 특성을 지닌 결과를 가져 오도록 원인 지우는 역할을 할 수 있다는 사실을 적시하고 있다. 개념은 생각이나 인지 뿐만 아니라 시·공간적인 세계에서도 변하를 일으킨다는 것이다. 이런 현상은, 현명한 대리인에 의해 어떤 사태가 생길 때는 그 대리인의 의도나 설계에 따라 언제나 발생한다. 만약 어떤 물건이나 사태가 대리인에 의해 의도 적으로 만들어 졌다면, 그 물건의 존재이전에 그를 생산한 활동을 지배·결정 하는 물건의 개념이 그 대리인의 마음속에 있을 일이다. 가장 현저한 예는, 인간에 의한 인공물이다. 이런 류의 인공물은 목적개념의 전형으로 된다. Kant는 자주, 목적으로서의 인공물을 시사한다. 더욱이 Kant는 문제의 인과관계에 우리가 익숙해 질 수 있는 계기는 인공물에서만 찾을 수 있다고 주장한다.

그러나 제10절의 시작 부분에 정의된 '목적'용어는 예증적으로 인공물에 적용되는 것으로 이해될 수 있다. 똑같이, 우리는 합목적성을, 인간의 고안으로 인공물의 생산에 요구되는 인과관계의 한 예증으로 생각할 수 있다. 그러나 혼동을 피하기 위하여, 두 가지에 주목할 필요가 있다. 우선, Kant 자신이 '목적'이라는 용어를 개념 혹은 고안자체를 가르치는 말로 사용한다. 선행개념 혹은 고안에 따라 생산되는 대상을 가리키는 것이 아니다. 예를 들어, 서문에서 '목적'을 대상의 실제성의 근원이 되는 개념으로 정의한다. 두 번째로, 합목적성을, 대상이 생산되는 인과관계라기보다는 고안된 것의 특징이 되는 성능을 지칭하는 것으로 정의한다. 달리 말하여 합목적성은, '목적'임을 의미하는 성능을 말하며, 이때 '목적은 개념의 대상이라는 앞'에서의 정의에

좇는다. 이 용법은, 인공물이 목적적 혹은 목적이라고 하는 서문에서의 뜻과 같다. 이들 용법의 차이는 술어상의 문제이지, Kant의 제10절에서의 일반 정의와 달리 규정하는 것은 아니다.

합목적성은 생물과 그들의 기관에도 적용된다. 왜냐하면, 인과관계에 의해 생물이 개념에 맞추어 생산되지 않았다면 생물의 기원이나 역할을 이해할 수 없기 때문이다. 논의의 초점은, 인간적 지능에 의하지 않고는, 기계적 과정만으로 생물의 통일체를 설명하기에는 불충분하기 때문이다. 자연은, 단순한 기계적 구조만으로는 설명할 수 없는 기능을 가지는 것이다.

Kant는 이런 노선에 따라 생물의 통일체를 상술하고 있다. 생물의 각 부분은 상호 원인·결과가 되면서 전체 통일체의 일원으로 존재한다. 예컨대 나무의 경우, 뿌리와 잎은 상호작용하여 의존관계를 유지하며 이것은 기계적으로만 설명할 수가 없다. 생물의 성장력, 자기유지, 재생산은 비조직적 힘으로 설명할 수는 없고, 조직전체의 각도에서 설명되어야 한다. Kant는, 조직체가 고안에 의해 생산되었다는 간주에 의해서만 설명할 수 있다고 하였다. 조직체가 선행하는 전체 개념에 의해서만 우리는 상호조정·생산되었다는 사실을 이해할 수 있다.

제10절에서 Kant의 설명은, 합목적성을 두 가지로 본다. 하나는 인공물이요, 다른 하나는 자연물, 즉 생물과 그 부분이다. 이 둘 중, 인공물은 고안에 의해 생산되는 목적적 대상이요, 이때 합목적성은 목적을 갖는다. 인공물에 관한 합목적성은 의도적 합목적성인 반면, 생물에 관한 합목적성은 의도적일 수도 있고 아닐 수도 있다. 이 둘을 합하여 객관적 합목적성이라 부른다.

Kant는 합목적성의 실현을 위해서는, 목적에 이르는 인과관계의 유추에 의해서만, 그 작업이 가능하다고 하였다.

한편, Kant는 제10절을 끝맺는 부분에서, 제3의 합목적성을 주장하고, 이는 앞의 두 합목적성과는 심하게 대조된다. 인공물이나 생물의 경우, 합목적성은 이성의 작용에 기인하는 반면, 대상의 가능성은 고려치 않고 이성의 사용 없이 연상적 판단만이 가능한 형식적·주관적 합목적성이 그것이다.

Kant는 제68절에서, 합목적성의 실현을 위해서는, 목적에 이르는 인과관계의 유추에 의해서만, 그 작업이 가능하다고 하였다.

제5장
유추논리

유추는 법적 추리의 주요 수단이다. 이런 사실이 많은 법철학자들에 의해 널리 인식되었음에도, 법철학자들은 유추에 의한 추리를 충분히 분석하지 못하였다. 유추해석은 특수에 그 초점을 맞춘다.

Holmes는, 유추에 의한 해석은 장래를 향한 결정으로, 아래서 위로 가는 사고법이라 하였다.[60] 유추해석은 특수한 경우에 계속 초점을 맞추어 원칙이 만들어지는 과정이라는 것이다.

유추는 직감과 논리의 산물이고 도구이다. 유추는 법의 일관성의 도구이고, 변화의 도구이다. 법해석자는 사례, 선례, 규정, 원리들로 구성되는 여러 혼합물을 마주한다. 법공동체와 일반대중들은 법해석자들이 그들의 판단을 정당화하기를 기대한다. 그러나 법해석자들은, 그들이 의존해야 하는 많은 경우들로부터 깔끔한 삼단논법적 논의를 이끌어낼 수 없다. 그래서 법적 논의는 관념으로부터 적용에 이르는 과정을 창출하지 못한다. 오히려, 그 과정은 경험적이다. 법해석자들

---

60) O. W. Holmes, Law in Science and Science in Law, 12 *Harvard Law Review* 443, 1899, 제448, 458, 460, 461, 462면.

은 유추적으로, 만족할 결과들에 도달했으며, 유추의 사용은, 그들이 일하는 형식의 자연적 결과라고 주장한다.[61]

Aristotle는 논리학에서, 유추에 의한 논의가 연역법이나 삼단논법과 동일시 될지라도, 처음부터 유추에 의한 논의가 중요 역할을 수행한다고 하였다. Aristotle는 순수이론적으로 유추에 한계가 있으나, 유추는 귀납법과는 구분된다고 하였다. Aristotle에게는, 예증은 부분에서 부분으로의 추론이다. 이때 특수는 동일용어에 속하고, 그 중 하나는 알고 있는 것이다.[62] 귀납은 특수들로부터 추론하여, 결론 혹은 Rule에 도달하기 때문이다(특수의 숫자가 귀납의 힘을 결정함). 귀납은 그 결론을 다른 특수에 적용하지는 않는다, 반면, 예증에 의한 추론은 하나 이상의 특수로부터는 작동하지는 않고, 유추에 의한 결론은 새로운 특수에 적용된다. Ross가 지적하였듯이, Aristotle의 예증과 귀납의 구분은 예증은 과학적이 아니고 수사적인 것임을 의미한다.[63]

유추는, 유사물·닮은 것 혹은 그들에 기반한 논의·추리를 말한다. 유추는 질적·양적 속성을 공통으로 지니면 같은 경우라 일컬어지고, 공통된 속성 관계는 실제적 닮음이라 부른다. Kaufmann은, 우리 인식들은 궁극적으로 닮음에 근거한다고 하였다.[64]

---

61) A. Guest, *Logic in the Law, in Oxford Essays in Jurisprudence*, Oxford University Press, 1961, 제176면.

62) R. McKeon, (ed.), *Prior Analitics, in The basic works of Aristotle*, 1941, 제62, 103면.

63) W. D. Ross, *Aristotle's Prior and Posterior Analytics*, Oxford University Press, 1949, 제488면.

64) I. Tammelo and others, *Analogy and The Nature of Things: A Contribution to the Theory of Types*, Journal of the Indian Law Institute, 18(3), 1966, 제358~401면.

법해석자가 구체적 결정을 내릴 때에는 실천적 추리가 적용되고 실천적 추리에는 유추, Rule과 Principle의 추리가 포괄된다. Rule은, 조건 A가 적용되면 결과 B가 따른다는 식으로 기본적 기준이다.

Principle은, 정확도가 다소 낮은, 보다 일반적 기준으로, 때로는 윤리적이고, 사회적 목표를 나타내는 정책이다. '아무도 자기의 잘못으로 득을 보지 못한다'는 식이 된다. 유추가 Case법의 한 중요부분임은 사실이나, 이 중요부분이 유추를 어렵게 만들고 있다. 유추의 가장 중요부분은 '비교'이다. 만약 유사성이 비유사성을 능가한다면 전례가 적용된다. 반대이면, 전례는 폐기된다. 실제적 중요성에도 불구하고, 유추의 과정에 관해서는 단편적인 주장만 있을 뿐, 정합성이 있는 논조는 거의 없다. 이하에서 몇몇 주요 저작자들의 논리를 고찰해 보기로 한다.

법에 관한 격언으로 유명한 Bacon은, 법이 앞날을 내다보거나 장래의 Case에 관해 말할 수 없다는 점을 인정하면서, 이 경우 첫 번째 대책이 유추이며, 법의 적용·확장을 함에 있어, 정책을 우선순위에 두어야 함도 강조하였다.[65]

Austin은, 유추에 관해 미완성 논리를 남겼다. 유추가 '닮음'이 기본개념이고 귀납법적이라는 것 이외에는 별로 없다.[66]

Cardozo는, 법적 과정에서 유추가 수행하는 역할을 논하였다. 대체로 그는 유추를 논리 방식의 한 부분으로 인식하였다.[67]

---

65) Thorne (ed.) Bracton *On the Laws and Customs of England*, Vol Ⅱ, Harvard University Press, 제21면.

66) John Austin, *Lectures On Jurisprudence*, Franklin Classics, 2018, 제656면.

67) Margaret R. Hall(ed.), *Selected Workings of Benjamin Nathan Cardozo*, Fallon Publications, 1947, 제30, 164~167면.

Raz는, 유추주장은 법원이 그 재량권 행사로 펴낸 새로운 규칙을 정당화 하는 것으로 이해한다. 그는 유추적 추리에서 타당성의 근거를, 법문에 나온 규칙보다 더 추상적인 규칙의 이론적 근거를 밝히는 데 있다고 본다. 유추에 의한 추리는 본질적으로 가령 이성이 규칙 X를 정당화하기에 충분히 좋다면 그에 기인하는 규칙 Y를 동일하게 정당화하게 된다는 것이다.[68]

법적 추리에 많은 기여를 한 Hart는, 유추에 관하여는 거의 말을 하지 않았다.[69]

Dworkin은, 규칙과 정책을 구분하고, 규칙(이전 결정)이 공정을 향한 지나친 세력을 갖는다고 개탄하였다.[70]

한편, 유추추리에 관해 새로운 분석을 제시한 자도 있으니, Sunstein 이다. 그는 유추추리의 분명한 속성으로 규칙에 입각한 일관성, 구체적 특수, 미완의 이론적 판단, 중·저 수준의 일반성을 갖는 원리의 창조·시험 등을 들고 있다. 유추추리는 일반적으로 일반화된 규칙에 과도하게 의존하지 않는다. 이들 속성은, 경제학이나 체험적 사회과학에 비하여 어떤 불리점을 지닌다. 다른 한편으로, 규칙에 대한 의견불일치, 시간·능력 제약이 있으니, 어떤 유리성도 있다. 그들은 충분한 이론의 발달을 요구하지 않으며, 시간에 걸쳐 도덕적 진화를 촉진하고, 선례답습주의에 잘 어울리며, 추상적 규칙에 의견을 달리하는 사람들에게, 특수한 결과에 대한 의견수렴이 가능하게 한다.[71]

---

68) J. Raz, *The Authority of Law: Essays on Law and Morality*, Clarendon Press, 1979, 제201~206면.

69) P. Edwards(ed.) H.L.A. Hart, *Encyclopedia of Philosophy*, vol. 6, 제264~269면.

70) Ronald Dworkin, Hard Cases, 88 *Harvard Law Review* 1057, 1975.

이상의 이론들에서 우리가 인정할 수 있는 것은 정합성의 부족이다. 첫째, 유추추리가 얼마나 유용하며 그 한계는 무엇인가에 대해 서로 다르게 주장한다. 둘째, 유추를 연역적·귀납적 추리에 어떻게 맞추어 나갈 것인가에 대한 정확한 해답이 없다. 셋째, 유추추리의 실제성과 타당성 측면에서의 논리가 부족하다.[72]

요약하면, 유추추리와 여러 유추의 형태, 유추의 실천적 중요성을 해명하였음에도, 실제적 유추의 범주에 대한 우리의 이해는 아직 상대적으로 원시단계에 머무르고 있다. 그 주된 잘못은 유추추리에 대해 고유한 형식적 부정확과 법해석자들의 선례답습주의, 변명에 대한 체계적 분석의 방기, 법정책의 성격과 역할 등으로 인한 복합화 등에 있다. 유추해석에는 특수 경우가 초래하는 바를 설명하는 포괄이론이 없고, 그 판단을 설명할 기본원리도 없다. 유추해석은, 중·저위 관념에 의지할 뿐, 더 고차원적 이론이 없는 것이다.

최근 법철학자들의 저작은, 이들 문제를 건설적 방법으로 해결키로 시작된 것이나, 미국 이외에는 여태껏 법해석 과정에 관한 체험적 저작이 거의 없다.

---

71) C. R. Sustein, "Commentary on Analogical Reasoning" 106 *Harvard Law Review* 741, 1992.

72) E. H. Levi, *An Introduction to Legal Reasoning*, University of Chicago Press, 1949, 제1~2면.

제6장
이익집단과 법해석

입법의 경제이론에서는 입법행위가 특정 이익집단이나 이익집단의 연합에 의해 구매되고, 그에 따라 가격이 매겨지는 상품으로 취급된다.[73]

입법의 경제이론은 오늘날 전 지구적으로 인정되고 있다. 그 이론들은 잇속추구(Rent-seeking)론으로 언급된다. 잇속추구란, 경제적 자산에 대한, 시장가격을 초과하여 얻게 되는 이득을 말한다. 고전적 의미의 잇속추구는 독점적 지위 확보에 따른 경제적 이득이다. 그런 독점적 지위 확보는 경쟁적 수준 이상으로 가격을 올릴 수 있어 이득을 올릴 수 있기 때문이다. 이때의 이득은 정부규제로 인한 것이다. 그 대가로 오가는 금전은, 정치적 지지, 장래에 대한 호의 약속, 뇌물, 기

---

73) 입법의 경제이론은 다음의 논문들로 더듬어 올라갈 수 있다.

J. Buchanan & G. Tullock, *The Calculus of Consent*, 1966

G. Stigler, The Theory of Economic Regulation, 2 *Bell Journal of Economics & Management Science* 3, 1971.

J. P. Kalt and M. A. Zupan, Capture and Ideology in the Economic Theory of Politics, 74 *American Economic Review* 279, 1984.

타 정치인이 가치 있다고 판단하는 것들이다.[74]

　다음으로 이익집단이 어떻게 입법과정을 석권할 수 있는가의 문제를 보기로 한다. 이익집단이 사회전체로부터 부의 이전을 얻게 되는 주요 원인은 정보비용과 처리비용이다. 정보비용은, 이익집단의 부에 영향을 미치는 효과에서 다른 사람들에게의 비용분담액을 차감한 액수이며,[75] 처리비용은 무임승차자가 없게 하는 비용과 비슷하게 처한 개인들을 정치적 연합체로 만드는 데 필요한 비용을 말한다.[76] 비용이 낮을수록 부의 이전에 성공할 확률은 더 높아진다. 사전에 존재하는 연합체나 무리 등이 많을수록 흩어진 개인들의 경우보다 부를 이전시키기에 더 적합하다. 결과적으로, 대중의 이익에는 부합할 것인데도 일반대중의 합리적 구성원은 정보비용을 부담하려고 하지 않을 것이다.[77] 일반사회 구성원은 특정 문제에 관해 그들의 이해를 확인할 정보를 얻는 것이 비합리적이며, 설사 그런 정보를 얻는다 해도 해독할 재간이 없는 것이기 때문이다. 이 분석에서 알 수 있듯이, 정치인들은 그들의 개인적 이익을 극대화 하도록 입법을 추진할 것이다. 이익집단은 정치인들에게, 정보비용과 처리비용의 차액에 이르기까지, 부의 이전비용을 중개업무에 지불하려 할 것이다.[78]

---

74) W. M. Landes, R. A. Posner, The Independent Judiciary in an Interest Group Perspective, 18 *The Journal of Law and Economics*, 875, 제895~901면.

75) R. McCormick, R. Tollison, *Politicians, Legislation and the Economy: An Inquiry into the Interest-Group Theory of Government*, Springer, 1981, 제17면.

76) R. McCormick, R. Tollison, 앞의 책, 제16면.
M. Olson, *The Rise and Decline of Nations: Economic Growth, Stagflation, and Social Rigidities*, Yale University Press, 1982.

77) M. Hayes, *Lobbyists and Legislators: A Theory of Political Markets*, Rutgers University Press, 1981, 제69~70면.

이익집단론의 주요 함의는, 입법은 정치과정에 우월적 접촉기회를 갖는 잘 조직된 무리로 부를 이전한다는 것을, 입법의 경제이론은, 이익집단론에서 밝히는 바가 우세한 현상이며 이 방향으로 나아가는 경향이 있을 것임을 주장한다.[79]

이익집단들은, 정치적 지지·선거비용 후원·뇌물제공과 같은 과감한 방식이나, 은퇴 기금에의 투자와 같은 은밀한 방식으로 영향을 미친다. 특정 문제에 관한 정보유통의 통제에 의하여 일반대중에게 그들의 의향을 강요한다. 입법으로 인해 영향 받는 자들은 공익에 유리한 정보를 막을 무임승차 문제에 대처할 수 없다.[80] 그래서, 입법문제에 관한 정보의 획득·배포의 비용은, 가끔 공공의 이익을 위해 일한다고 생각하는 입법자에 의해, 그 입법이 통과되는 결과를 흔히 가져온다.

입법에 관한 경제이론은, 다수를 희생하여 소수에게 이익을 주는 법을 예상한다. 아무도, 일반대중에게 이익을 주는 법을 시행할 하등의 유인책도 없기 때문이다.[81] 이것이 대의정치에서 공익을 위한 법을 오염시킬 무임승차 이론이다.[82] 원하는 입법을 얻기 위해 필요자금을 개인적으로 제공하는 것이 유리할 것이라고 생각하는 것은 있을 수 없다. 대부분의 사람들은, 공익을 위해 투자하는 것에 무임승차적 태도를 취할 것이기 때문이다. 시행되는 법규는 작고 응집적인 특별이익집단에 유리할 것이기 때문이다.[83]

---

78) Hayes, 앞의 책, 제18~25면.
79) M. Olson, 위의 책, 제75~117면.
80) M. Olson, 앞의 책, 제17~19면.
81) M. Olson, 앞의 책, 제41~47면.
82) M. Olson, 앞의 책, 제79~82면.

이익집단의 행태가 위와 같다면, 법해석자에게는 공익을 위해 해당 조세법규의 축소·문리해석만 가능하다고 할 일이다.

---

83) Michael T. Maloney, Robert E. McCormick, A Positive Theory of Environmental Quality Regulation, 25 *The Journal of Law and Economics* 99, 1982.

제7장
요약 및 결어

우리 국세기본법 제18조에서, 세법 해석의 기준으로 과세의 형평과 조항의 합목적성에 비추어 해석하도록 규정하고 있다. 이는 둘 다 유추해석을 전제로 하는 것이다.

법해석은 본문에 의미를 부여한다.

틈 채우기는 유추에 의해 본문으로부터 어떤 부분을 들어내거나 더함으로서 혹은 법체계의 근본가치를 적용함을 의미한다. 본문의 틈의 존재로 인해 법해석이 법의 목적 실현을 할 수 없을 때 발생한다. 그 틈은 명백히 나타낼 때도 있고 혹은 숨어 있을 수도 있다.

틈 메우기 덕분으로, 혹은 비슷한 법조문으로부터 유추를 함으로써 법조문은 전체 법체계로 그 자신을 투영할 수 있으며 그 언어를 넘어 발전할 수 있다.

인과관계가 있는 한도 내에서는 모두 유추해석 함이 옳다.

이익집단의 행태를 고려하여, 조세특례 규정은 문리해석만 하여야 한다.

국세기본법도 어엿한 법률이거늘, 조세법률주의를 내세워 유추해

석을 불허한다는 논리는 결코 받아들일 수도 없고, 한심한 생각마저
든다.

저자약력

서울대학교 법과대학 졸업
University of Nebraska, Lincoln (경제학 박사)
행정고등고시 합격
세무서장 역임
아주대학교 사회과학부 명예교수

조세정의론

초판발행	2021년 2월 26일
지은이	정숙종
펴낸이	안종만·안상준
편 집	이승현
기획/마케팅	조성호
표지디자인	조아라
제 작	우인도·고철민
펴낸곳	(주) **박영사**
	서울특별시 금천구 가산디지털2로 53, 210호(가산동, 한라시그마밸리)
	등록 1959. 3. 11. 제300-1959-1호(倫)
전 화	02)733-6771
f a x	02)736-4818
e-mail	pys@pybook.co.kr
homepage	www.pybook.co.kr
ISBN	979-11-303-3893-4 93360

정 가   8,000원